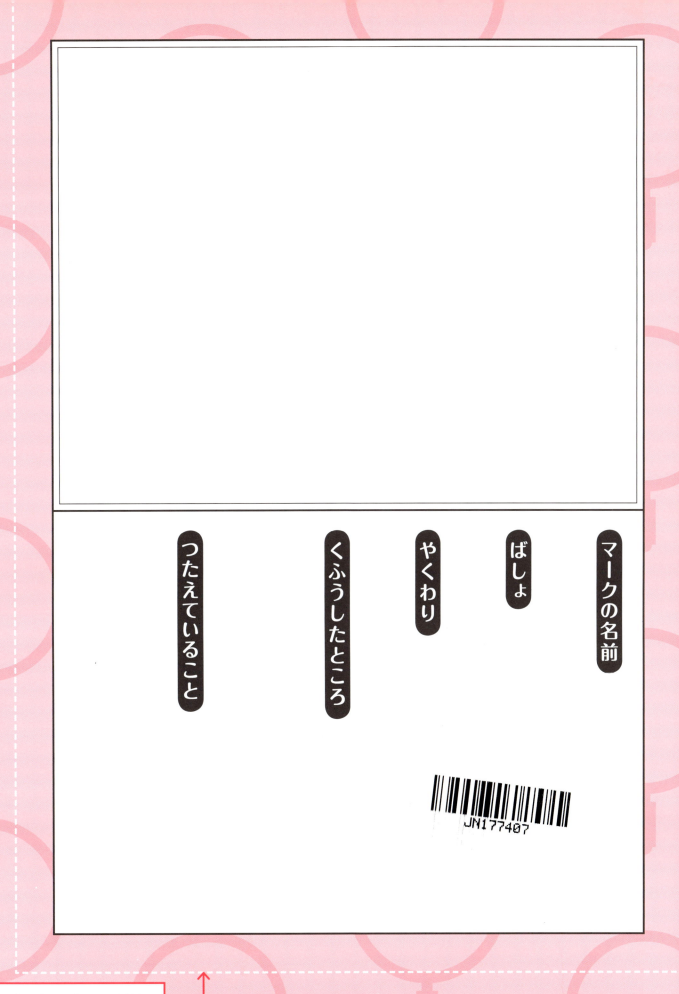

さがしてみよう！
まちの記号とマーク ①

学校の記号とマーク

小峰書店編集部　編・著

小峰書店

もくじ

\\ 記号とマークをさがそう！ /

シーン1 教室 …… 4
- 教室で見つけた記号とマークのやくわりとくふう …… 6
- 🔍ズームイン 教科書の中のマーク …… 8

シーン2 学校のろうか …… 12
- ろうかで見つけた記号とマークのやくわりとくふう …… 14
- 🔍ズームイン 子どもたちが考えたマーク …… 16

シーン3 通学路 …… 18
- 通学路で見つけた記号とマークのやくわりとくふう …… 20
- 🔍ズームイン 防犯のためのマーク …… 22
- 🔍ズームイン 安全な通学のためのマーク …… 24

シーン4 公園 …… 26
- 公園で見つけた記号とマークのやくわりとくふう …… 28
- 🔍ズームイン 安全な場所をしめすマーク …… 30
- 🔍ズームイン 三角形の注意マーク …… 32

記号とマークのQ&A …… 34
おまけの答えコーナー …… 36

さくいん …… 38

この本の読み方

1 記号とマークをさがそう！

● ここに書かれた記号とマークが、絵の中のどこにあるか、さがしてみよう。

2 見つけた記号とマークの、やくわりとくふうを見てみよう！

● 「ここにあったよ！」を見ると、前のページの「こんな記号とマークがあるよ！」の答えがわかるよ。

● 記号とマークのくわしい紹介の部分だよ。「やくわり」と「くふう」、「つたえていること」を説明しているよ。

● 「さがしてみよう！」では、このマークがあるほかのページを紹介しているよ。

3 ズームインのページ

● このシーン（ここでは教室）にある記号とマークをくわしく説明するページだよ。同じようなやくわりをもつ記号とマークを集めているので、記号とマークがどんなふうに役に立っているのかが、よくわかるよ。

記号とマークをさがそう！

シーン1 教室

　みなさんの教室には、どんな記号やマークがあるでしょうか。

　毎日使っている身近なものに、記号やマークはたくさん使われています。よく見ると、教科書や筆記用具にも、記号やマークが見つかります。さがしてみましょう。

こんな記号とマークがあるよ！

あ 男の子が手に持っている通学帽に、マークがついている。

い 先生から返された宿題のプリントに、赤いマークがある。

う 手ふきタオルに、パンダのマークがついている。

え いすの背に、マークがついている。

お えんぴつに、記号がついている。

か ごみ箱に赤と青のマークがついている。

き 開いた教科書に、「文」という記号がかいてある。

シーン1 教室で見つけた記号とマークの やくわり と くふう

ここに あったよ！

あ 校章

い 花マルのスタンプ

たいへん よく できました

やくわり 「台場小学校」の印です。

くふう 学校の名前の「台場」の文字がまん中にあります。その下には灯台と波。全体はカモメの形です。海の近くにある小学校だとわかるようにしています。

つたえていること 通学帽についている校章を見れば「台場小学校」の子どもだとわかります。教室や校舎、学校のWEBサイトでも見られます。

やくわり 先生が、作文や宿題などを見ましたという印です。

くふう 満開のサクラの花の形で、先生がほめていることを表しています。

つたえていること 作文や宿題などの課題を、先生が「よい」と評価していることをつたえます。ほかに「よくできました」「がんばりましょう」などのスタンプもあります。

う WWFマーク

（©や®マークの説明は2巻37ページ）

やくわり このタオルをつくっている会社が、世界自然保護基金（WWF）という団体の取り組みに協力していることをしめします。

くふう 絶滅するかもしれないという危機にあるパンダを、マークにしています。

つたえていること 絶滅の危機にある野生生物を助けるために、タオルを買ったお金の一部が、WWFに寄付されます。商品を買う人みんなが、取り組みに参加しています。

©1986 Panda Symbol WWF ® "WWF" is a WWF Registered Trademark

え JISマーク（日本工業規格）

やくわり このいすが、きちんとつくられた品質の高い商品であることをしめします。

くふう JISの3つのアルファベットを円でかこんでいます。「JIS」と読みます。

つたえていること 大きさ、形、材質などについて、「日本工業規格」で決められた基準に合格した製品だとつたえています。

さがしてみよう！ JISマークは、ほかにもあるよ！（くわしくは36ページを見よう）

お えんぴつ芯のかたさと濃さ

やくわり えんぴつの芯のかたさと色の濃さをしめします。HはHARD（かたい）、BはBLACK（黒い）の意味です。

くふう HやBのアルファベットと、数字を組み合わせることで、えんぴつの芯のかたさと色の濃さのちがいを表します。

つたえていること Hの数字が大きいほどかたくうすいこと、Bの数字が大きいほどやわらかくて濃いことをつたえています。

か ごみ箱のマーク

やくわり もえるごみを入れるごみ箱と、もえないごみを入れるごみ箱であることをしめします。

くふう もえるごみのマークは赤いほのおの絵、もえないごみは、青いほのおに×がつけられています。

つたえていること ごみには、もえるごみともえないごみがあります。分別してくださいとつたえています。

き については次のページでくわしく説明しています。

教科書の中のマーク （ズームイン）

社会科　建物や畑を表す地図記号

社会科で習う地図記号も、マークです。

地図には、小学校や図書館の位置など、たくさんの情報をもりこまなくてはなりません。それらのすべてを文字で書き入れると、ごちゃごちゃして見づらい地図になります。そこで、わかりやすい地図記号で表しているのです。

社会科の教科書に出てくる地図。いろいろな地図記号がのっている。

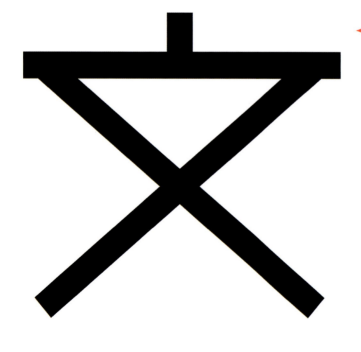

き　小・中学校をしめす地図記号

やくわり　小学校と中学校を表します。

くふう　「文」という漢字を、記号にしています。文字とは区別するため、4本の直線を組み合わせて、「文」と読めるようにしています。

つたえていること　「学校は文字をおぼえる場所」という意味も、あります。

「文」を丸でかこんで、高等学校を表す。

「文」の記号の上に（大）をつけて、大学を表す。

図書館
本を開いた形をもとにしている。少しななめになっているのが、ポイント。

郵便局
むかし、郵便をあつかっていた「逓信省」の「テ」の文字が、もとになっている。

寺院
仏教とかかわりが深い「卍」の文字が、もとになっている。

神社
神社の参道入り口などに立っている、鳥居の形をもとにしたもの。

交番
制服姿の警察官が身につけている警棒を2本、組み合わせた形。警察署は丸でかこむ。

博物館
博物館や美術館、歴史館を表す。博物館の建物の形を記号にしている。

病院
国、県、市などがつくった公立の病院を表す。個人病院などには、地図記号を使わない。

老人ホーム
家の中に杖がある形。全国の小・中学生の応募作品からえらばれた。

田
イネを栽培している水田を表す。イネをかり取った後の切りかぶの形を記号にしている。

果樹園
リンゴ、ミカン、ナシ、モモ、クリ、ブドウなどのくだものを栽培している土地を表す。

外国の人によりわかりやすく

2020（平成32）年に開かれる東京オリンピック・パラリンピックに向けて、外国の人向けに地図記号が新しくつくられました。たとえば郵便局を表す「〒」は、外国の人にはまったく意味がわかりません。そこで、世界共通の「手紙」のマークが取り入れられました。これまでなかった「コンビニエンスストア」などもつくられ、外国の人向けの地図などに、使われることになりました。

左から、上は郵便局、交番、下は病院、コンビニエンスストア。

音楽 音楽を演奏するための音符

楽譜は、音の高さ、長さ、リズムのすべてが、記号で表されています。楽譜に書いてあるとおりに演奏すれば、世界中のだれもが同じ音楽を楽しむことができます。

今、わたしたちがむかしつくられたクラシック音楽などを楽しめるのは、楽譜のおかげです。

音楽の教科書に出てくる楽譜。音符や休符など、さまざまな記号でできている。

音符（4分音符）

やくわり 1拍分の長さの音を表します。4分の4拍子の場合、1小節の中に4分音符が4つ入ります。

くふう ななめの黒いだ円の右はしから1本、棒がたてにのびています。

つたえていること 音の長さのほかに、黒いだ円が五線譜（五本の横線の譜）のどの線にあるかで、音の高さを表します。音符にはほかにも、4分音符の半分の長さを表す8分音符、倍の長さを表す2分音符などがあります。

8分音符　2分音符

休符（4分休符）

4分音符と同じ長さの休みを表す。書き方は、下から上へ書く。

変化記号

音を半音上げるシャープ（左上）。音を半音下げるフラット（右下）。

音部記号

五線上での音の高さを決める記号。左上がト音記号、右下がヘ音記号。

強弱記号

音の強さを指定する記号。左上のフォルテは「強く」、右下のピアノは「弱く」の意味。

算数 物の大きさを表す単位記号

長さを表す「m」や、重さを表す「kg」を基本の単位として、物の長さや量を表す方法を「メートル法」といいます。「m」は、多くの国で共通の単位記号として使われています。ここでは長さを表す「m」を紹介します。

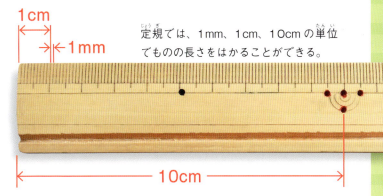

定規では、1mm、1cm、10cmの単位でものの長さをはかることができる。

m ◀ メートル

やくわり 長さの単位を表します。

くふう アルファベットの「m」を記号にしました。

つたえていること 「メートル法」の単位となる記号です。この記号に別の記号を組み合わせることで、長さのほかに、面積、体積なども表すことができます。

mm ◀ ミリメートル
mの前にm（ミリ）をくわえて、mの1000分の1の長さを表す。

cm ◀ センチメートル
mの前にc（センチ）をくわえて、mの100分の1の長さを表す。

km ◀ キロメートル
mの前にk（キロ）をくわえて、mの1000倍の長さを表す。

m^2 ◀ 平方メートル
mの右上に小さな2の数字をつけることで、平面の面積を表す。

m^3 ◀ 立方メートル
mの右上に小さな3の数字をつけることで、立体の体積を表す。

記号とマークをさがそう！

シーン2 学校のろうか

　ろうかは、いろいろな学年の人や、先生たちが通る場所です。気をつけて見ると、いろいろな記号やマークがあります。
　地震や火事などの災害のときに、みんなの安全を守るための記号やマークも、見つかるはずです。

こんな記号とマークがあるよ！

あ 学校だけでなく、いろいろな場所で見られる、赤と青の人の形のマーク。

い 黄色い箱に、赤いしまのもようの絵がついている。

う 給食用エレベーターに、マークがついている。

え 階段やろうかに、赤と青の矢印がついている。

お 消火器にさまざまなマークがついている。

か 緑色の、走っている人のマークがある。

シーン2 ろうかで見つけた記号とマークの やくわり と くふう

ここにあったよ！

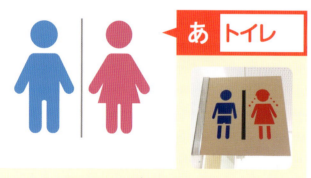

あ トイレ

やくわり トイレの場所をしめします。
くふう 男子は青い色、女子は赤い色でスカートをはいた絵です。
つたえていること 男子用と女子用が分けられているトイレだと、つたえています。学校の外から来た人も、使うことができます。

👁 **さがしてみよう！** 男女の形はほかにもいろいろあるよ！

い ベルマーク

やくわり 「ベルマーク運動」のシンボルマークです。
くふう 赤と白のしまの、ベル（すず）の絵です。ベルマークの回収箱についています。
つたえていること このマークを切り取って集めると、学校に通うみなさんが勉強や学校の活動に必要な品を、買うことができます。

う 給食用エレベーターの禁止マーク

やくわり ここに人が入ったり、乗ったりしてはいけないことをしめします。

くふう 黒い人物に、赤いななめ線の絵です。

つたえていること 給食用エレベーターは、給食をほかの階に運ぶためにあります。人が乗るエレベーターではないとつたえています。

👁 **さがしてみよう！** 禁止のマークは、ほかにもあるよ！

（答えは21、28ページ）

え 右側通行の矢印

やくわり 学校の階段やろうかの、通行のしかたをしめします。

くふう 上りが赤、下りが青の矢印です。階段やろうかで、おたがいがぶつからないためのくふうです。

つたえていること 階段やろうかでは、ルールを守って、右側を歩きましょうとつたえています。

お 消火器についているマーク

やくわり この消火器が、どんな火災に使うことができるかをしめします。

くふう 白、青、黄色の3色に、それぞれちがう絵がかかれ、火災の種類のちがいを表しています。

つたえていること さまざまな原因の火災に使える消火器だと、つたえています。左からふつうの火災、電気の火災、油の火災のマークです。

か 非常口の方向

やくわり 地震や火事のときに、建物の外ににげるための出口を案内します。

くふう 緑色は「安全」を表す色です。明るい場所へにげる人の絵で、非常用の出口を表しています。左をさす矢印は、出口の方向をしめします。

つたえていること いざというときは、このマークをめざしてにげるようにとつたえています。

👁 **さがしてみよう！** 非常口のマークは、ほかにもあるよ！

（答えは31ページ）

ズームイン 子どもたちが考えたマーク

案内表示 手作り案内表示ですごしやすい学校に！

兵庫県神戸市の高羽小学校では、学校の案内表示に、子どもたちがかいた絵を取り入れています。

特別室などの案内表示には、子どもたちがかいた絵の中で、もっともわかりやすい絵がえらばれます。学年がちがっても、障がいがあってもなくても、だれもがわかりやすいマークとはなんだろうと、ひとりひとりが考えました。これは、学校全体がもっと楽しく、みんながすごしやすい場所になる取り組みとして、注目されています。

神戸市立高羽小学校の例。校舎1階にある案内パネルに、子どもたちの作品を使った案内表示がある。

体育館の案内表示

やくわり 体育館の場所を案内します。

くふう 体育館でおこなう運動で代表的な「とび箱」を、デザインに取り入れています。楽しそうな表情もポイントです。

つたえていること 体育館は体を動かす場所だとつたえています。校舎案内のパネルだけでなく、体育館の入り口にも使われています。

そのほかの案内表示

理科室
ふたつのフラスコと温度計の絵。理科の授業で使う実験器具を、えがいている。

音楽室
口を開けて歌う子どもと、リコーダー、色とりどりの音符をえがいている。

校長室
校長室の大きなつくえにすわる校長先生を、えがいている。

保健室
赤十字の印がついた救急箱と、体温計、薬の絵が使われている。

コンピューター室
コンピューターのモニターとキーボード、マウスの一式の絵になっている。

プール
クロールでおよぐ子どもの絵。水しぶきがポイントになっている。

木でできた案内表示 ▶

愛知県新城市の黄柳川小学校は、校舎がすべて木でできています。それにあわせて教室の看板も、木でつくられています。

クラスの看板は、黒い実がなっている木です。1年生はひとつ、2年生はふたつと、学年が高くなるごとに実がふえて、6年生では6つの実がなります。

くふうがいっぱいの案内表示が、この小学校の魅力のひとつになっています。

上部の左から、5年生の教室、パソコン室、職員室、理科室。

記号とマークをさがそう！

シーン3 通学路

　毎日歩く通学路ですが、注意してみると、いろいろな記号やマークが見つかります。みんなが安全に学校へ通うためのものが、たくさんあります。

　通学路では、どんな記号やマークが見つかるか、さがしてみましょう。

こんな記号とマークがあるよ！

あ	横断歩道の前に、足あとの絵がある。
い	自動販売機に、丸い緑色のマークがある。
う	「止まれ」と書かれた赤い標識がある。
え	上が赤、下が青の2色で、それぞれに人の絵がある。
お	黄色に青で、ハートマークが歩いている絵がある。
か	歩道に、火がついたたばこの絵がある。
き	「こども110番」と書かれた、黄色いマークがある。
く	ふたりの子どもが歩いている絵の、黄色の標識がある。

シーン3 通学路で見つけた記号とマークの やくわり と くふう

ここにあったよ！

あ とまれマーク

やくわり 歩行者に、飛び出すとあぶないので、いったん、ここで止まるように注意をしています。

くふう 左右にそろった足あとと、「とまれ」という文字がかいてあります。

つたえていること 歩道から車道へ出る場所に、よく見られます。とくに子どもたちに向けて、注意をよびかけています。

い 統一美化マーク

やくわり 空き缶やペットボトルをきちんとごみ箱にすてようと、よびかけています。

くふう 緑色で、缶をすてる人の絵です。緑色は「安全」のほかに「衛生※」の意味もあります。

つたえていること 容器をポイすてせず、リサイクルしようとつたえています。飲み物の自動販売機についています。

※「衛生」とは、人が病気にならないように、きれいにすること。

う　一時停止

やくわり　自転車やバイク、車は、一時停止をしなければならない場所だと知らせます。

くふう　赤い色は「危険」を表します。赤い逆三角形の標識は、この標識だけです。

つたえていること　そのまま進むと危険な場所です。左右からやってくる車が優先なので、こちらは止まって安全をたしかめてから進まなければなりません。2016年に「STOP（止まれ）」の英語も書かれることが決まりました。

え　歩行者用信号

やくわり　横断歩道をわたれるのか、わたれないのかを、知らせます。

くふう　「止まれ」を赤、「横断してよい」を青で、表しています。赤のマークは正面を向いて止まっている人、青のマークは、横を向いて歩いている人の絵です。

つたえていること　この信号は、歩行者用です。信号にしたがって横断してくださいと、つたえています。

お　災害時帰宅支援ステーション

やくわり　地震などで電車やバスが止まったときに、遠い家まで歩いて帰る人を手助けする店であることを知らせます。

くふう　歩く人と、助けるあたたかい心をハートで表し、組み合わせた絵です。

つたえていること　ここは、災害のときに水道水をもらえたり、トイレを借りたりできるなど、みんなを助けてくれる店です。

か　路上喫煙禁止

やくわり　この場所でたばこをすってはいけないことを表します。

くふう　火がついてけむりがたちのぼるたばこの絵に、赤いななめの線がかいてあります。

つたえていること　市区町村がそれぞれ定めた、たばこをすってはいけない場所を表しています。すいがらのポイすてをなくすことも、このマークの目的です。

き く　については22、24ページでくわしく説明しています。

ズームイン 防犯のためのマーク

防犯 町の人たちの見守る目をマークに表す

みんなが安心してくらせるように、町にはいろいろな記号やマークがあります。

たとえば、子どもたちが危険を感じたとき、にげこめる場所が「こども110番の家」です。色は、注意をつたえる黄色です。絵は市区町村でちがいますが、子どもにもわかりやすいようにくふうされています。

ほかにもいろいろな防犯のマークがあります。犯罪のない町にしようと、町の人たちみんなの見守る目がマークに表されています。

まどに「こども110番の家」のステッカーがはられた文房具店。

き こども110番の家

やくわり 子どもたちの避難所だと知らせます。

くふう 黄色で、とても目立ちます。両手の中で安心してわらっている鳥のヒナが、守られている子どもたちを表します。「ピヨちゃんマーク」ともよばれます。

つたえていること このマークがはってある家や店は、子どもがこわい目にあったとき、警察官が来るまで守ってくれます。「110番」は、警察へ電話をするときの番号です。そこで、子どものための安心な場所を「こども110番の家」と名づけました。町のみんなで子どもを見守り、安心な町にしようとよびかけてもいます。

いろいろな「こども110番」

←いざというときに子どもがかけこめる駅。人気の鉄道のキャラクターを使っている。全国2896の駅が活動に参加している。

←埼玉県ときがわ町のステッカー。ランドセルをせおった子どもたちが建物にかけこんでいる絵。ときがわ町から協力をたのまれた店や家にはってある。

←子どもがこわい目にあったときに助けてくれるタクシー。110番の電話をしてくれる。

地域見守り隊のステッカー

←静岡県商工会青年部連合会が中心に活動する「こども見守り隊」のステッカー。パトロールに協力する町の人が店や車にはって使う。

←認知症のお年よりを見守るための、京都府長岡京市のステッカー。見守り隊の人は、お年よりがまいごになったら、みんなでさがす。

自転車盗難防止のステッカー

←自転車がぬすまれないよう、かならずかぎをかけるようにと注意するステッカー。駐輪場の地面にはってある。

交番のマーク

←警察官のぼうしがえがかれた、親しみやすい絵のマーク。東京都などの地域で見られる。

←パトカーの絵で親しみやすいマーク。赤と青で、よく目立つ。兵庫県などで見られる。

東京都の防犯ステッカー

↑歌舞伎役者の目が、悪いことをしようとする人をじっとにらんでいる絵。道や店、車など、あらゆるところにはってあり、いつもだれかが見ているぞとつたえている。正式の名前は「動く防犯の目」。

東京都の防犯ステッカーをはった宅配便の配達車。

ズームイン 安全な通学のためのマーク

交通安全 運転者は、とくに注意して！

　小学校に通うみなさんが、毎日安全に登下校できるように、通学路にはいろいろなマークがあります。その多くは、車やバイクの運転者に注意をよびかけるものです。

　学校だけでなく、幼稚園や保育所のまわりも、運転者がとくに注意しなければならない場所です。子どもの絵を使ったマークで、子どもたちにけがをさせることがないよう、注意をよびかけています。

道路標識の絵を使って、車の運転者に対して注意をうながす看板。

学校、幼稚園、保育所などあり

やくわり 車の運転者に、学校や保育所がそばにあることを知らせます。

くふう 黄色は、注意を知らせる色です。四角の角を下にした形は、不安定で、見たとたんに「あぶない！」と思わせます。絵は、だれが見ても、小さな子どもの絵とわかります。

つたえていること この道では、子どもが飛び出したりするかもしれないので、じゅうぶんに注意して運転するようにとつたえています。

学校のそばに立っている標識。

横断歩道あり

←横断歩道に立てられている標識。歩く子どもたちの絵で、近くに学校や保育所があることをしめす。

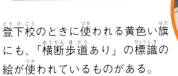

登下校のときに使われる黄色い旗にも、「横断歩道あり」の標識の絵が使われているものがある。

自転車および歩行者専用道路

←自転車と歩行者専用の道なので、自動車はこの道を通行できないことをしめす。おとなと子どもの絵ですべての歩行者を表し、右下に自転車の絵もある。

歩行者と自転車を分けるマーク

歩道は、歩行者が優先。歩道を走る自転車はゆっくり走らなくてはならない。

↑自転車は車のなかまなので、車道を走る決まりだが、子どもやお年よりは、自転車で歩道を通行できる。自転車と歩行者がぶつからないよう、自転車は歩道の車道側を通るように、マークでしめしている。

スクールゾーン（通学路）

←スクールゾーン（通学路）の電信柱に「文」とある緑色の看板。ここが学校の通学路だとわかる。

←子どもたちの登校のために、朝の7時30分から8時30分までの1時間、車両通行止めとなる道路（スクールゾーン）。緑色にぬられている。

車両進入禁止※の標識がある看板。子どもたちが登下校する時間には、この看板がスクールゾーンの入り口におかれて、車が入れないようになる。

※3巻36ページを見よう。

さまざまな「とまれマーク」

歩道から車道へ、子どもが飛び出してしまうことがあります。事故をふせぐために、歩行者用の「とまれ」マークには、20ページのものだけでなく、小さな子どもにもわかりやすいように、いろいろなデザインのものがつくられています。

あなたの町の「とまれ」マークをさがしてみましょう。

記号とマークをさがそう！

シーン4 公園

　公園では、おとなも子どもも、いろいろな人がゆずりあって使えるように、遊び方などのルールが決められています。

　また、いざというときの避難場所になるなど、公園は防災のやくわりももっています。

　どんな記号とマークが、みんなの役に立っているのでしょうか？

こんな記号とマークがあるよ！

あ	赤く丸い形の標識に「防火水そう」と書いてある。
い	サッカーボールに赤いななめの線がついている。
う	トイレの入り口に、いろいろな人の形が青いマークでかいてある。
え	遊具に、ニワトリの絵のマークがある。
お	トイレの前に、黄色い部分があるマンホールがならんでいる。
か	犬の絵と「DOG RUN」という字が書いてあるマークがある。
き	緑色の人が走っている絵のマークがある。

シーン4 公園で見つけた記号とマークの やくわり と くふう

ここにあったよ！

あ 防火水そう（ぼうかすい）

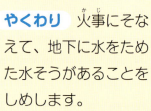

やくわり 火事（かじ）にそなえて、地下に水をためた水そうがあることをしめします。

くふう 目立つ赤い色で、丸い形の標識（ひょうしき）です。英語（えいご）でも書いてあります。

つたえていること 火事のときにすぐに使えるよう、ここに車や物（もの）をおいてはいけません。

い サッカー禁止（きんし）

やくわり この公園ではサッカーをしてはいけません、と知らせます。

くふう サッカーボールの絵に、「禁止」を表（あらわ）す赤いななめの線があります。

つたえていること サッカーのボールをけると人にあたってけがをさせるおそれがあるので、この公園では禁止ですとつたえています。

👁 **さがしてみよう！** 禁止のマークは、ほかにもあるよ！

（答えは15、21ページ）

う 多目的トイレ

やくわり どんな人にも使いやすいトイレだと、知らせます。

くふう 障がいのある人や、お年より、妊娠している人など、公衆トイレを使いにくいと思われる人の絵と、「どなたでもご自由にお使いください」というていねいな言葉があります。

つたえていること だれもが使いやすいように、個室が広かったり、てすりがあるなどのくふうがされたトイレです。

え 遊具の対象年齢

やくわり この遊具は、6歳から12歳の子どものためのものですと知らせます。

くふう かけまわって遊ぶ子どもをニワトリの絵で表し、年齢の数字が書いてあります。赤くて目立ちます。

つたえていること 小学校に入る前の小さな子どもがこの遊具で遊ぶと、けがをしてしまうかもしれません。おとなは、ひとりで遊ばせないように注意して、とつたえています。

お 災害時用トイレのマンホール

やくわり これは、災害のときにトイレになるマンホールだと知らせます。

くふう 黄色い部分に「災害トイレ」と書いてあります。

つたえていること 下水道管に直接つながったマンホールです。災害のときにここへたくさんの人が避難すると、トイレが足りなくなります。そのときは、この上にテントをはるなどして、仮のトイレにします。

か ドッグラン

やくわり 犬のための運動場をしめします。

くふう 犬の絵の下に、「DOG RUN（犬が走る）」と書いてあります。

つたえていること ペットの犬のリードをはずして、自由に遊ばせることができる、犬のための運動場・遊び場です。この柵の外では、犬をはなしてはいけません。大きな公園や、高速道路のサービスエリアにつくってあることが多いです。

き については次のページでくわしく説明しています。

ズームイン 安全な場所をしめすマーク

避難 緑色の安全地帯へ、にげろ！

避難所に指定されている公園。

地震、火災、水害などの災害にそなえることを「防災」といいます。防災のマークによく使われているのが、緑色の「走ってにげる人」の絵です。

緑は、植物の緑を思わせる、おだやかな色です。心を落ちつかせる力をもっているので、たとえば、手術をする外科のお医者さんも、緑色の手術着を着ています。

非常口や避難所など、安全な場所をしめすマークにも緑色が使われています。そして、全部に同じ「走ってにげる人」の絵が入っています。

き 広域避難場所

やくわり 火事などの災害のとき、みんなが避難するように決めてある場所だと知らせます。

くふう 緑色の広い安全地帯と、そこへ急いでかけこむ人の絵です。

つたえていること 広い公園や学校などが、広域避難場所に指定されます。いざというときににげこむ場所だということを、たくさんの人につたえるために、見やすい場所にあります。小さな公園などの一時避難場所にも、このマークが使われることがあります。

津波避難ビル

津波避難ビルに指定されている学校の校舎。

↑津波のときに避難できる建物をしめす。絵にかいてあるのは、せまる波からにげる人と、コンクリートでできたがんじょうな高さのある建物。

津波避難場所

津波避難場所へ、矢印で案内している。避難場所までは300m。

↑津波のときに避難する高い場所をしめす。避難場所への道のとちゅうに立てられることが多く、矢印と組み合わせてにげる人を避難所までみちびく。

避難所（建物）

避難所に指定されている学校の看板。

↑災害のときに避難できる建物をしめす。がんじょうな建物を表している。

非常口（建物内）

↑火事や地震などのときに、建物からにげ出す出口をしめす。国際標準の非常口マーク。映画館などの暗い場所では光っているので、いつでも見つけることができる（15ページも見よう）。

世界共通の非常口マークは日本発！

▶ 国際会議に出された日本の提案（左）と、ソ連の提案（右）。ソ連の案は、とびらをあける人の絵だった。

1980年の国際会議に、日本は非常口マークの案を提案しました。そのときは、それより前に提案されていたソ連（現在のロシア）の案に決まりかけていましたが、見え方のテストで日本案のほうが煙の中でもよく見えることがわかり、1997年にようやく、日本案が国際標準の非常口マークに決定しました。

ズームイン 三角形の注意マーク

注意 あぶない、注意して！

海のそばに立つ、津波注意と避難所のマークがある看板。海のそばでは、地震の後に津波がくる危険がある。

三角形の黄色のマークを、見たことがありますか？これらは、安全のために、注意をよびかけています。

三角形は不安定な形で、「あれ、何だろう？」と見る人の注意をひきます。さらに、黄色と黒の組み合わせは、強く注意をひく色です。この形の標識は、注意しないとけがをしたり、命の危険がありますよ、とよびかけています。

危険の種類によって、いろいろな絵の注意マークがつくられています。

津波注意

やくわり 大きな地震のあとに、津波がくる危険がある場所だと、知らせます。

くふう 黄色に、おそってくる波を黒で、表しています。津波のスピードの速さも想像できる絵です。

つたえていること このマークは、これまでに津波の被害があった場所によくあります。地震がおこったら、走って、高い場所へにげるようにとつたえています。ゆだんをせずにいつも注意をしていましょうと、よびかけてもいます。

注意（一般注意）

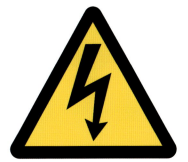

駅のホームにあるマーク。車いすの人やベビーカーをおす人に、ななめになっていて車輪が動きやすいので注意するようつたえる。

↑「気をつけて！」の意味。マークといっしょに、「工事中」「段差あり」などの理由が書かれていることが多い。

感電注意

変電所のフェンスにとりつけてある感電注意の標識。「危険　高電圧」の日本語と英語も書かれている。

↑電気が流れている場所なので、さわると感電しますよと、注意をよびかけている。電気製品などでも、よく見られる。

段差に注意

バスの後ろ側の座席へ向かうところに、「段差に注意」のマークをつけている。

↑上り段差につまずかないように注意、と知らせている。

すべりやすいので注意

北海道の札幌市にある、すべりどめの砂を入れてある箱。道がこおって危険なとき、この砂をまいてすべりどめにする。

↑道路がすべりやすいので注意、と知らせている。正式な名前は「滑面注意」という。

見つけた！ 動物園のオリジナルマーク ▶

これは、何を注意しているマークでしょうか？ 北海道の円山動物園の、サル舎にあるマークです。お客さんの頭上をサルが行き来する場所では、注意しないとおしっこをかけられてしまうことがあります。このマークで、注意してくださいと知らせています。

記号とマークのQ&A

Q1 文字は、どうやって生まれたの？

　文字は、「記号」のなかまです。文字はどのようにして生まれたのでしょうか？

　文字が発明される前には、その場にいない人へメッセージをつたえるのに、絵が使われました。今から数万年も前に洞窟内にえがかれた壁画が、ヨーロッパのいろいろな場所で見つかっています。絵をかいた人たちは、これらの絵で、メッセージをつたえたと考えられています。

　絵は、しだいにかんたんな形になり、ひとつの絵がひとつの言葉を表すようになりました。これが「象形文字」です。たとえば古代エジプトの象形文字は、今から5000年くらい前に使われていた文字です。

　文明がさかえて、たくさんの情報がやりとりされるようになると、象形文字はもっとかんたんな形になり、やがて、話す言葉と同じように書いたり読んだりできる「文字」が生まれました。

　アルファベットの「A」の文字の誕生について調べてみると、角のある雄牛の頭の絵がもとだったことがわかっています。

フランスのラスコー洞窟で見つかった絵。かかれたのは2万年くらい前とされている。絵の意味はわかっていない。

アルファベットの「A」の文字ができるまでを表す。今から5000年前ごろに古代エジプトでかかれていた雄牛の頭の絵が、もとになっている。

中国・雲南省の少数民族、ナシ族で使われているトンパ文字。およそ1400文字があり、「生きた象形文字」とよばれる。たとえば、まん中のふたりがいる絵は、「男が女を愛する」の意味。

A こたえ：文字のおおもとは、絵でした。

わたしたちのまわりには、「記号」や「マーク」があふれています。それらがなくては、とてもこまってしまうほど、わたしたちの生活で大切なやくわりをもっています。
記号やマークについてのいろいろな疑問を、ときあかしてみましょう。

Q2 今はなくなってしまったマークってあるの？

マークは、むかしから人びとの生活に大切な役目をはたしてきました。しかし、くらしぶりがかわって役目を終えたら、消えていきます。

日本でも外国でも、役目を終えて今はほとんど使われていないマークが、たくさんあります。

たとえば、日本の江戸時代には、暦に使われるマークがありました。このころは、今とはちがって字を読めない人も多かったのですが、字を知らない人でも、絵暦を見れば、今日が何月何日なのか、田植えまであと何日なのかなどを、知ることができたのです。

また、江戸時代や明治時代には、店の看板が、商品をしめすマークになっていました。何を売る店なのかが、だれにでもわかるようになっていたのです。

絵暦も店の看板も、今では必要がなくなり、まちでは見られなくなっています。

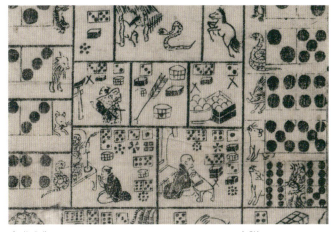

江戸時代、文字が読めない人のためにかかれた絵暦。さいころの目や重箱の数で、何月何日かを表している。

この部分は「八十八夜」をしめす。右上のおけのようなものは「鉢」で「はち」、その下の重箱を「じゅう」と読む。矢の絵とあわせて「はちじゅうはちや」。八十八夜は、立春から八十八日目（5月2日ごろ）で、むかしから農作業の大切な目安だった。

菓子屋の看板
（江戸時代）

絵の具屋の看板
（明治時代）

下駄屋の看板
（明治時代）

眼鏡・時計店の看板
（明治時代）

喫煙具店の看板（きせるとたばこ入れの形・明治時代）

A こたえ： たくさんあります。役目を終えたマークは、消えていきます。

JISマークについて、もっと教えて！

JISマーク※の「JIS」は、Japanese Industrial Standardの頭文字3文字をとったもので、「日本工業規格」の意味です。日本では、工業製品の品質や形、大きさなどにこまかく決まりがつくられています。国に審査をまかされた機関が、製品をつくる工場の品質管理のしかたを調べたり、製品試験を正しくおこなっているかを検査します。問題がないとみとめられれば製品にマークをつけることがゆるされます。

そのため、JISマークがついているものは、高い品質の製品だといえます。

身のまわりで見つかるJISマーク

※JISマークは、2008年10月に変わりました。現在つくられている製品には右のマークがついています。

おまけの答えコーナー

19ページ：消火栓の標識

消火栓は、火事のときに消防隊がホースをつなげられるように、地下の水道管につけられている水道口。すぐに見つけられるように、赤い標識が立てられている。この標識のあるところには、車をとめたり、物をおいたりしてはいけない。

27ページ：しずかに

夜や早朝に、大きな音を出さないようにと知らせている。とくに、公園のすぐとなりに家がある場合に、近所に住む人にめいわくにならないようにしましょうとつたえている。スーパーの駐車場などでも見かけるマーク。

Q4 世界中で使われる記号やマークは、どうやって決まるの?

記号やマークは、それぞれの国や社会で自由につくられ、使われてきました。しかし、世界中を人が動きまわる今の時代には、どの国でも意味がつたわる共通の記号やマークが必要です。

国際標準化機構(ISO)という国際機関があります。ここでは、世界の記号をひとつにまとめる活動をおこなっています。たとえば、自動車の運転のための記号は、1976年にISOがひとつにまとめました。日本ではこれをもとに、自動車技術会がJIS記号をつくっています。

国際標準化機構(ISO)のシンボルマーク。後ろにある丸いものは、地球を表す。

JISによる自動車運転のための記号(くわしくは3巻16ページを見よう)。ISOが決めている記号に合わせてつくられている。世界中のどの車にも、この記号が使われている。

ハイビーム

方向指示器

ホーン

ドア警告灯

シートベルト警告灯

燃料警告灯

A こたえ: 国際標準化機構が、取りまとめ役です。

おまけの答えコーナー

27ページ:犬のふんは持ち帰りましょう

犬を散歩させる人に、犬がふんをしたら、そのままにしないで、持ち帰るように注意をする標識。犬のかい主に、みんなにめいわくをかけないようにとつたえている。

27ページ:自転車通行止め

この公園には、自転車に乗って入ってはいけない。自転車置き場においてから公園に入るように、とつたえている。

27ページ:飛び出し注意

車やバイクの運転者に対して、公園から子どもが飛び出すかもしれないので注意、とよびかけている。

さくいん

項目が絵で表されている場合も、そのページをしめしています。

あ

- 一時停止（交通標識） …… 19、21
- 犬のふんは持ち帰りましょう …… 27、37
- 絵暦 …… 35
- えんぴつ芯のかたさと濃さ …… 5、7
- 横断歩道あり（交通標識） …… 25
- 音楽室（案内表示） …… 17
- 音符（音楽記号） …… 10
- 音部記号（音楽記号） …… 10

か

- 果樹園（地図記号） …… 9
- 学校の案内表示 …… 16
- 学校、幼稚園、保育所などあり（交通標識） …… 19、20、24
- 感電注意 …… 33
- 給食用エレベーターの禁止マーク …… 13、15
- 休符（音楽記号） …… 10
- 強弱記号（音楽記号） …… 10
- キロメートル（単位記号） …… 11
- 広域避難場所 …… 27、28、30
- 校章 …… 5、6
- 校長室（案内表示） …… 17
- 高等学校（地図記号） …… 8
- 交番（地図記号） …… 9
- 交番のマーク …… 23

さ（一部）

- 国際標準化機構（ISO） …… 37
- こども110番の家 …… 18、20、22、23
- ごみ箱のマーク …… 4、7
- コンビニエンスストア（地図記号） …… 9
- コンピューター室（案内表示） …… 17

さ

- 災害時帰宅支援ステーション …… 19、21
- 災害時用トイレのマンホール …… 26、29
- サッカー禁止 …… 26、28
- 寺院（地図記号） …… 9
- しずかに …… 27、36
- JISマーク（日本工業規格） …… 5、7、36
- 自転車および歩行者専用道路（交通標識） …… 25
- 自転車通行止め（交通標識） …… 27、37
- 自転車盗難防止のステッカー …… 23
- 自動車運転のための記号 …… 37
- 4分音符（音楽記号） …… 10
- 4分休符（音楽記号） …… 10
- シャープ（音楽記号） …… 10
- 消火器についているマーク …… 12、15
- 消火栓の標識 …… 19、36
- 象形文字 …… 34
- 小・中学校（地図記号） …… 4、6、8
- 職員室（案内表示） …… 17
- 神社（地図記号） …… 4、9
- スクールゾーン …… 18、25
- すべりやすいので注意（滑面注意） …… 33
- センチメートル（単位記号） …… 11

た

- 田（地図記号） ……………………… 9
- 体育館（案内表示） ………………… 16
- 大学（地図記号） …………………… 8
- WWFマーク ………………………… 5、7
- 多目的トイレ ………………………… 26、29
- 単位記号 ……………………………… 11
- 段差に注意 …………………………… 33
- 地域見守り隊のステッカー ………… 23
- 地図記号 ……………………………… 4、8、9
- 注意（一般注意） …………………… 33
- 津波注意 ……………………………… 32
- 津波避難場所 ………………………… 31
- 津波避難ビル ………………………… 31
- トイレ ………………………………… 12、14
- 統一美化マーク ……………………… 18、20
- 東京都の防犯ステッカー …………… 23
- ト音記号（音楽記号） ……………… 10
- 図書館（地図記号） ………………… 9
- ドッグラン …………………………… 26、29
- 飛び出し注意 ………………………… 27、37
- とまれマーク ………………………… 19、20、25

な は

- 2分音符（音楽記号） ……………… 10
- 日本工業規格→JISマークを見よう
- 博物館（地図記号） ………………… 9
- 8分音符（音楽記号） ……………… 10
- 花マルのスタンプ …………………… 5、6
- ピアノ（音楽記号） ………………… 10
- 非常口 ………………………………… 12、13、15、31
- 避難所（建物） ……………………… 31
- 病院（地図記号） …………………… 9
- プール（案内表示） ………………… 17
- フォルテ（音楽記号） ……………… 10
- フラット（音楽記号） ……………… 10
- 平方メートル（単位記号） ………… 11
- ヘ音記号（音楽記号） ……………… 10
- ベルマーク …………………………… 13、14
- 変化記号（音楽記号） ……………… 10
- 防火水そう …………………………… 26、28
- 保健室（案内表示） ………………… 17
- 歩行者と自転車を分けるマーク …… 19、25
- 歩行者用信号 ………………………… 19、21

ま や ら

- 右側通行の矢印 ……………………… 13、15
- ミリメートル（単位記号） ………… 11
- メートル（単位記号） ……………… 11
- 遊具の対象年齢 ……………………… 27、29
- 郵便局（地図記号） ………………… 4、9
- 理科室（案内表示） ………………… 17
- 立方メートル（単位記号） ………… 11
- 老人ホーム（地図記号） …………… 9
- 路上喫煙禁止 ………………………… 19、21

39

イラスト	メイヴ
装丁・本文デザイン	倉科明敏（T.デザイン室）
企画・編集	渡部のり子・山崎理恵（小峰書店） 常松心平・鬼塚夏海（オフィス303）
協力	古谷成司（千葉県富里市教育委員会） 古谷由美（千葉県印西市立小倉台小学校） 公益財団法人エコロジー・モビリティ財団 東京都建設局道路管理部
取材・写真協力	品川区立台場小学校／神戸市立高羽小学校／新城市立黄柳川小学校／昭和ネオン 高村看板ミュージアム／（株）日本緑十字社／（株）アボック社／フリーメディカルイラスト図鑑／（財）ベルマーク教育助成財団／（株）ファイブ・スター・クラブ／行方市地域ポータル「なめがた日和」

さがしてみよう！ まちの記号とマーク❶

学校の記号とマーク

2017年4月5日　第1刷発行　　2019年9月10日　第3刷発行

編・著　小峰書店編集部
発行者　小峰広一郎
発行所　株式会社小峰書店
　　　　〒162-0066 東京都新宿区市谷台町4-15
　　　　TEL 03-3357-3521　FAX 03-3357-1027
　　　　https://www.komineshoten.co.jp/
印　刷　株式会社三秀舎
製　本　小髙製本工業株式会社

© Komineshoten 2017 Printed in Japan　　NDC 801　39p　29×23cm　　ISBN978-4-338-31001-7

乱丁・落丁本はお取り替えいたします。
本書のコピー、スキャン、デジタル化等の無断複製は著作権法上での例外を除き禁じられています。本書を代行業者等の第三者に依頼してスキャンやデジタル化することは、たとえ個人や家庭内での利用であっても一切認められておりません。

くらべてみよう そっくりマーク

すべりやすいので注意
こおりやすい道路などにある、注意マークだよ。

段差に注意
気づきにくい段差に、注意してもらうためのマークだよ。つまずかないよう、注意！

タクシー乗り場
タクシー乗り場のマークだよ！ 駅前によくあるね。

レンタカー
レンタカーの受付だよ。空港などで見かけるよ。

広域避難場所
災害のときのみんなの避難場所だよ。学校や公園が多いよ。

非常口
建物の中にある非常口を案内するよ。このマークをめざしてにげよう！

病院（地図記号）
病院を表す、地図上の記号だよ。国立や県立の病院をしめす記号だよ。

病院（新・地図記号）
外国の人にもわかりやすいように、2016年に新しくつくられた地図記号だよ。

待合室
電車やバスを待つための場所だよ。いすがおいてあるから、すわっていられるよ。

ミーティングポイント
だれかと待ち合わせをするのに、おすすめの場所だよ。空港などで見られるよ。